ÉCOLE DES BEAUX-ARTS

QUAI MALAQUAIS

EXPOSITION GÉNÉRALE

DE

LA LITHOGRAPHIE

AU BÉNÉFICE DE L'ŒUVRE

l'Union Française pour le Sauvetage de l'Enfance

OUVERTE DU 26 AVRIL AU 24 MAI 1891

PARIS

TYPOGRAPHIE GEORGES CHAMEROT

19, RUE DES SAINTS-PÈRES, 19

1891

EXPOSITION GÉNÉRALE

DE

LA LITHOGRAPHIE

à Mme Belfond
A. Willette

ÉCOLE DES BEAUX-ARTS

QUAI MALAQUAIS

EXPOSITION GÉNÉRALE

DE

LA LITHOGRAPHIE

AU BÉNÉFICE DE L'ŒUVRE

l'Union Française pour le Sauvetage de l'Enfance

OUVERTE DU 26 AVRIL AU 24 MAI 1891

PARIS

TYPOGRAPHIE GEORGES CHAMEROT

19, RUE DES SAINTS-PÈRES, 19

1891

COMITÉ DE L'EXPOSITION

PRÉSIDENT D'HONNEUR :

M. JULES SIMON

PRÉSIDENTS :

M. JEAN GIGOUX | M. FRANÇAIS

MEMBRES

MM.
S. A. R. Mgr le duc d'Aumale.
Arsène Alexandre.
Germain Bapst.
Beraldi.
Henri Beraldi.
Beurdeley.
R. Bischoffsheim.
Bonnat.
Aglaüs Bouvenne.
Bracquemond.
Léon Bry.
Chauvel.
Henry de Chennevières.
Et. David.
Armand Dayot.
Comte H. Delaborde.
Destable.
Gabriel Devéria.
Georges Duplessis.
Engelmann.
Fantin-Latour.
Flandrin.

MM.
Philippe Gille.
Pierre Gavarni.
Giacomelli.
A. Gilbert.
Gonse.
Henner.
Em. Javal.
de Laage.
Lafenestre.
de Lostalot.
Lunois.
Paul Mantz.
Roger Marx.
André Michel.
Comtesse de Noé.
A. Raffet.
Baron Alph. de Rothschild.
Baron Edm. de Rothschild.
Alexis Rouart.
Sirouy.
Albert Wolff.

EXPOSITION GÉNÉRALE

DE

LA LITHOGRAPHIE

Rien de plus sûr, pour tuer l'homme le mieux portant, que de lui répéter sans cesse qu'il est mourant. Ainsi de la lithographie : au risque de l'achever pour toujours, c'est un lieu commun à présent de dire qu'elle est morte.

Mort, le procédé dont se servent aujourd'hui avec virtuosité d'habiles lithographes ? le procédé qu'emploient même quelques artistes, non des moins intéressants, pour des créations originales ? Non. La lithographie est encore vivante.

Mais, pour dire toute la vérité, elle vit sans le grand éclat qu'elle eut naguère. Elle subit une double crise : le public l'a oubliée, les peintres l'ont abandonnée.

Il est donc urgent de la remettre sous les yeux du public. Il est urgent surtout de rappeler aux peintres, au moment où décroît leur universel engouement d'il y a vingt ans pour l'eau-forte, qu'ils ont sous la main, tout prêt, un procédé merveilleux de souplesse, de richesse et de facilité, qui pendant un tiers de siècle fut adopté par les plus célèbres de nos peintres pour le plus grand honneur de l'Estampe Française, et qu'il dépend d'eux aujourd'hui de rétablir ce procédé dans sa splendeur première.

Ce que fut cette splendeur, l'exposition actuelle le montre en développant l'histoire de la lithographie depuis soixante-dix ans.

Il était une fois, — l'histoire de la lithographie commence comme un conte et elle a une légende, — il était une fois un auteur dramatique bavarois qui, ne parvenant pas à faire éditer ses pièces, voulait les publier en les gravant lui-même en relief sur cuivre. Un jour, vers 1796, ayant à écrire une note, une vulgaire note de blanchisseuse, et ne trouvant pas de papier sous la main, il se servit précipitamment d'une pierre de Solenhofen polie et de son encre grasse de graveur : il eut ensuite l'idée de jeter de l'acide sur la pierre, qui, naturellement, fut entamée. La lithographie était créée, dit la légende [1].

Une singulière destinée attendait le nouveau procédé. Né et bientôt pratiqué industriellement en Allemagne, il lui était réservé d'être naturalisé français et de recevoir de la main de nos peintres toute sa valeur d'art.

Car la lithographie a été un art français.

Cette transplantation en France, cependant, eut toutes les peines du monde à se produire : elle demanda vingt ans !

Pendant ces vingt ans, voici ce que l'on trouve comme tentatives d'acclimatation.

En 1800, Ant. André, Français habitant Offenbach-sur-le-Mein où il avait connu Senefelder, vient à Paris et crée rue du Pont-au-Choux un établissement lithographique qui ne fait pas ses affaires et est vendu en l'an XII à Mme Révillon. — Le 1er frimaire an XII, le peintre Bergeret dessine sur pierre une tête de Mercure pour le prospectus de l'imprimerie lithographique, rue Saint-Sébastien, 24. Il y avait donc une « imprimerie lithographique » fonctionnant à Paris en 1804. — En 1805, au retour d'Austerlitz, le général Lejeune, futur directeur de l'École des arts de Toulouse, dessine un croquis à Munich, dans l'imprime-

---

[1]. La lithographie n'était pas créée. Mais les recherches de Senefelder dévièrent, se portant d'une gravure sur cuivre à une gravure en relief sur pierre. Il ne trouva pas ce qu'il cherchait, c'est-à-dire une *gravure entamant la pierre par morsure;* mais, par une seconde déviation dans les recherches, il trouva ce qu'il n'avait pas cherché d'abord : un *procédé d'impression* permettant la multiplication de l'écriture ou du dessin au moyen d'une simple *modification chimique* de la *surface* de la pierre (modification plus complexe que ne le croit généralement le public, habitué à l'éternelle comparaison avec la buée sur une vitre où l'on a passé le doigt. Il y a, d'un côté, réactions entre les acides gras de l'encre ou du crayon et le calcaire, de l'autre, réactions entre le même calcaire et l'eau acidulée gommée, et naissance de composés, là attractifs, ici non attractifs, de l'encre grasse. La spécialité de ces réactions explique pourquoi un calcaire particulier est seul apte à la lithographie).

Senefelder poussa à fond ses recherches pendant plusieurs années, depuis 1796 : alors il arriva à créer la lithographie méthodiquement et complètement, y compris le lavis sur pierre et chromolithographie.

rie de Senefelder. — En 1806, un négociant français en toiles peintes, établi à Offenbach, François Johannot (le père d'Alfred et Tony Johannot), vient en France et essaie inutilement d'y propager l'usage de la lithographie. — En 1809, encore à Munich chez Senefelder, Denon trace sur pierre un croquis[1].

En 1812 et 1814, le comte de Lastèyrie, pressentant l'avenir de la lithographie, se rend à Munich, étudie le procédé, achète les secrets, imprime de sa main. Engelmann en fait autant, et dès 1815, il fonde une imprimerie lithographique à Strasbourg. Lasteyrie, de retour à Paris, y crée la véritable première imprimerie lithographique, fonctionnant régulièrement en 1816[2].

Cette année-là nos peintres adoptent la lithographie. Horace Vernet dessine son *Lancier*, Girodet le portrait de *Coupin;* Gros, Hersent, Denon, l'architecte Alavoine essaient le procédé; Guérin, Boucher-Desnoyers, Regnault, chargés par l'Institut de faire un rapport sur la nouvelle impression, lithographient pour se rendre compte. Vingt autres suivent par goût.

Enfin, au Salon de 1817 est exposée, sous le nom de Lasteyrie, une collection de « produits lithographiques ». Ces « produits » sont des militaires de Carle Vernet, des paysages de Thiénon, des plans, des cartes. Au Salon de 1819, Engelmann arrive aussi avec ses lithographies de Bourgeois, Bouton, Baltard, Vernet, Bacler d'Albe, Blondel, Isabey.

Alors c'est une floraison subite. Tous les peintres, séduits par la facilité du procédé, se mettent à lithographier. Mameluks de Gros, chevaux, cosaques et chasses de Carle Vernet, militaires de son fils Horace ouvrent ce premier âge d'or de la lithographie. Charlet dans sa première manière exalte les soldats de l'Empire; Géricault aussi les pousse à l'épique, en attendant qu'il change de genre pour dessiner sur pierre à Londres ses merveilleux chevaux. Prud'hon, avant de mourir, a le temps de laisser quelques lithographies de premier ordre.

Entouré d'une légion de dessinateurs, — Isabey père, Cicéri père, Courtin, Enfantin, les Fragonard, etc., et au premier rang desquels brille l'exquis Bonington, — le baron Taylor, poussant

---

1. Il y aurait assurément quelque intérêt de curiosité à montrer des épreuves de ces tentatives, mais elles sont introuvables. Au point de vue de l'art, d'ailleurs, ces essais rudimentaires, simples jalons, sont nuls.

2. Senefelder vint à Paris en 1820 pour y établir une imprimerie lithographique. Mais il y trouva des imprimeurs lithographes au moins aussi habiles que lui, et au bout de peu de temps retourna en Allemagne.

à son apogée l'activité lithographique, entreprend cette colossale publication des *Voyages dans l'ancienne France*, publication mère, comme l'appelle M. le marquis de Chennevières, à l'imitation de laquelle devaient naître pendant cinquante ans tant de recueils de « vues pittoresques ». On y trouve des culs-de-lampe signés Ingres ou Delacroix !

C'est une fureur. Tout comme il y a quelques années nous avons vu la fureur de l'eau-forte, « l'aquafortisme », il y eut alors pour la lithographie une universelle passion, une invasion du *lithographisme*. Alaux, Baltard, Baptiste, Bergeret, Bertin, Bouillon, Bourgeois, L. Cogniet, Couder, Delorme, Desenne, les Gudin, Gué, Lancrenon, Leprince, Lethière, Michallon, Muret, Picot, Pingret, Robert Fleury, les Swebach, Saint-Èvre, Mme Haudebourt, etc., etc., lithographient. Ingres lithographie. Les peintres du diorama, Bouton, Daguerre, lithographient (et aussi, dit-on, Niepce). Les peintres attachés à la manufacture de Sèvres, Béranger, Robert, lithographient. Les amateurs de tout rang lithographient : le baron Denon, Mme Tallien, devenue princesse de Chimay, le général Lejeune, le général Bacler d'Albe, le général baron Atthalin, Basset de Jolimont, le comte de Forbin, le baron Coupin de la Couperie, le baron Crépy Le Prince. Aux Tuileries, la duchesse de Berry, le duc de Bordeaux enfant, lithographient. Au Palais-Royal, le duc de Chartres, le prince de Joinville, les princesses Marie et Clémentine, lithographient. A Rome, la princesse Charlotte Bonaparte lithographie.

Pendant ce temps, des amuseurs, Boilly, Pigal, Marlet, etc., avec leur gaieté trop souvent triviale, font rire le public à l'étalage des marchands d'estampes. La caricature lithographiée tue l'ancienne caricature gravée.

La mode des albums lithographiques se développe. Devéria, Charlet, Raffet, Bellangé, les font au crayon. Grandville, Henry Monnier, Eugène Lami, d'autres encore, ont un autre procédé plus propre à attirer l'œil : un trait de plume pour le contour, que vient ensuite remplir un fin coloriage. Colorier devient un art, et vers 1830, Meilhac publie un « Traité du coloriage des lithographies ». On voit se multiplier les « macédoines », genre cher à Victor Adam. La lithographie se met partout, sur les titres de musique, sur les affiches ; ne dites pas que ces pièces-là sont indignes de l'attention : il en est signées des plus grands noms, Delacroix, Decamps, Raffet.

A côté des dessinateurs originaux naissent les lithographes de profession : ceux-ci renoncent au travail libre pour se créer l'obligation d'un travail classique, le *grain*, le *grené fondu*, qui est à la lithographie ce que le losange est à la gravure. Sudre, le traducteur d'Ingres, Aubry Le Comte, le traducteur de Girodet, et Grévedon le portraitiste, sont les maîtres du genre.

Les lithographes de la Restauration crayonnent sur la pierre comme sur le papier, sans trop se préoccuper de l'éclat et de la couleur. Leur crayonnage est d'un gris timide, et caractéristique. Géricault, cependant, va très avant dans le développement des ressources du procédé. En 1825, un réfugié espagnol résidant à Bordeaux, — Goya, pour l'appeler par son nom, — Goya octogénaire, prend le crayon lithographique et dessine quatre courses de taureaux avec une vivacité juvénile et une couleur que nous appellerions aujourd'hui « moderne » et même « moderniste ». Delacroix voit ces lithographies et en est émerveillé. Lui-même prend le crayon gras, dans lequel il découvre une matière riche, plastique, et travaillant dans ce crayon comme les peintres dans la pâte, il exécute les lithographies du *Faust*, cri de guerre du romantisme.

Alors a lieu la seconde floraison de la lithographie; la floraison des romantiques, des lithographes coloristes, des peintres de 1830 : Decamps, tout vibrant de lumière dans ses fonds; Jean Gigoux, argentin dans ses blancs; Louis Boulanger et Célestin Nanteuil, étranges dans leurs imaginations romantiques; E. Isabey, aussi exquis que Bonington; Paul Huet, Jules Dupré, Roqueplan, renouvelant le paysage; Achille Devéria, fixant dans des portraits d'un admirable jet la physionomie de l'homme et de la femme de mil huit cent trente.

A côté d'eux, tous ceux qu'on pourrait appeler la légion du journal *l'Artiste* : Charlet dans sa seconde manière et Gavarni dans sa première, Barye, Jeanron, Laviron, Lepoitevin, Dauzats, les Johannot, E. Giraud, Lessore, Mozin, Jules David, Alophe, Canon, Challamel, André Durand, Julien, le portraitiste Léon Noël, etc.

A côté d'eux aussi, dans le redoutable journal de Philipon, la caricature politique, élevée un moment à la hauteur de l'art par la vigueur du dessin de Daumier, d'Auguste Bouquet, de Traviès. Mais la violence de cette *Caricature* le fait supprimer; alors la lithographie se rabat sur le dessin de mœurs auquel elle donne pendant vingt ans un éclat extraordinaire.

En 1840, le moment de la grande prospérité de la lithographie est déjà passé.

Les lithographes de métier, les greneurs, les Marin-Lavigne, les Midy, les Llanta, les Maurin, se sont il est vrai muliplíés. Mais les lithographies de peintre se font plus rares. Cependant, en dehors des lithographies célèbres d'Aimé de Lemud, cette période est glorieuse encore ; elle est comme le point milieu des œuvres de Daumier, de Gavarni, de Raffet, œuvres immenses qui, à eux trois, comprennent SEPT MILLE PIÈCES originales !

Voilà ce que la lithographie permet, et ce que ne permet pas l'eau-forte. Certes, une comparaison entre l'eau-forte et la lithographie n'est pas possible, et il n'y a pas à essayer de louer l'une aux dépens de l'autre. Mais il est certain que, la pointe à la main, le peintre est moins à l'aise qu'avec le crayon gras. En dehors du dessin, une double question le gêne : celle des tailles, c'est-à-dire la *gravure*, et celle, très délicate, de la *morsure*, qui le désespère. Généralement il en est réduit à faire mordre par quelque graveur de ses amis. Ainsi embarrassés et limités d'ailleurs par un certain format que l'eau-forte ne saurait dépasser impunément, les peintres, quand ils font de l'eau-forte, s'abstiennent des sujets d'envergure qui seraient plus aptes à intéresser (la figure humaine, le portrait, l'histoire, les mœurs) et se rejettent sur des croquis, des études ou des sujets ramenés au simple. Voulez-vous un exemple? Prenez Delacroix. La pointe à la main, il risquera quelques petits croquis d'animaux, quelques études, mais il ne se donne pas carrière. Prend-il le crayon? Alors c'est *Faust !* c'est *Hamlet !* Daumier ? Que s'attarderait-il aux essais d'eau-forte ? C'est la pierre qu'il lui faut pour être, sans contrainte, le prodigieux saisisseur de gestes et de mouvements, l'admirable coloriste du noir et blanc ; pour être le grand satirique, en portant le développement de son œuvre au chiffre de trois mille pièces. Et Gavarni, où va-t-il, dans ses quelques essais de pointe ? Guère loin. Il n'y est point à l'aise. Il le déclare lui-même : la chimie de l'eau-forte lui répugne. Et avec le crayon, que fait-il ? La *Comédie Humaine*, rien que cela! trois mille pièces encore : œuvre inouïe dans l'histoire de l'Estampe ; œuvre d'un homme de génie.

Et Raffet, le grand Raffet? Certes, il a gravé quelques petites eaux-fortes très précieuses. Mais c'est le crayon lithographique qui lui permet d'être un maître prodigieux, dont on peut dire que toute la peinture militaire est contenue en lui; qui permet à son génie — le mot n'est pas trop fort, — de ressusciter le soldat républicain, le *bleu* du fort Mulgrave, de Wattignies et de Lodi, oublié jusqu'à lui ; — qui lui permet de montrer l'épopée, et Bonaparte à Toulon, et Bonaparte en Égypte, et Napoléon en 1804, passant la revue de ses guides, et le Napoléon triomphant de 1807, et le Napoléon de 1813 acclamé par les mourants de Lutzen, et le Napoléon de 1814, pensif, à la tête de ses mornes débris d'armée, et le Napoléon de 1815 au milieu de son dernier carré, — qui lui permet de symboliser dans ses « rêves », dans ses « revues nocturnes » et dans ses « réveils » toutes les rages de la défaite, tous les espoirs de la réparation triomphante et de la rentrée dans la gloire, — qui lui permet de laisser sur le soldat contemporain, sur le soldat de sept ans de service, sur le soldat d'Anvers, de Constantine et de Rome, et bientôt de Sébastopol et de Solférino, des pages immortelles, — qui lui permet enfin, dans son voyage en Crimée, d'être l'admirable précurseur de la peinture ethnographique et orientaliste.

Et c'est parce qu'il permet de telles œuvres qu'il ne faut pas délaisser le crayon lithographique! Dans chaque atelier, à côté de chaque chevalet, devraient être des pierres prêtes à recevoir toutes vives les impressions des artistes. Le rapporteur du jury de gravure de l'Exposition Universelle de 1889 avait dit sur ce point un joli mot : *La lithographie devrait être le carnet de poche des peintres.* Procédé si fécond en ressources, si prompt en résultats : tant de simplicité dans la technique, rien qui vienne retarder la soudaineté du dessin !

En 1850, la lithographie originale compte encore Bonhommé et Laemlein, qui ont laissé des pièces admirables (bien qu'à peu près inconnues jusqu'ici), Chassériau, Diaz, Andrieux, Édouard de Beaumont, Cham, Rambert, Doré. On peut même dire que la lithographie brille encore un moment avec Français, Jules Laurens, Leroux, Henri Baron, Anastasi, J. Didier, Célestin Nanteuil, etc.; avec l'œuvre remarquable de Mouilleron. Mais les publications de Bertauts sont la dernière des grandes manifestations lithographiques collectives.

Voici écoulées les trente-cinq premières années de la lithographie; les trente-cinq dernières seront, en comparaison, peu fécondes. Vers 1860, la situation de la lithographie est très compromise :

Elle perd le dessin de mœurs, remplacée dans les journaux illustrés par les procédés photographiques, gillotage, etc.

Elle est obligée de céder la place, dans les nombreuses publications d'architecture et d'archéologie, à la gravure en taille-douce. On exige désormais des planches scientifiques et géométrales, et non plus des vues « pittoresques », comme dans le temps des Taylor et des Du Sommerard.

Enfin les peintres la quittent pour l'eau-forte.

Les années passent : la lithographie, sans être prospère, se soutient. Elle possède les habiles crayons de Gilbert, de Vernier, de Soulange-Teissier, de Sirouy, de Chauvel, de Lunois. De jeunes talents s'annoncent. La lithographie originale, elle aussi, est encore pratiquée. Ce n'est plus toutefois la production en masse comme en 1820, en 1830, en 1840 ; c'est la production en ordre dispersé, en tirailleurs : un jour Glaize; un jour Bracquemond, ou Courbet, ou Jean-Paul Laurens, ou Rops, ou Hervier; un autre jour Manet, ou John-Lewis Brown, ou Degas, ou Raffaëlli. Fantin-Latour adopte la lithographie pour donner un corps à ses poétiques visions. Voici que Jules Chéret porte à plus de mille pièces son œuvre si personnel. Dillon, Robida se mettaient hier à la lithographie, — Willette s'y met aujourd'hui, — Detaille, Jean Béraud, Lepère, d'autres s'y mettront demain.

Car la renaissance de la lithographie semble être dans l'air. L'intérêt qu'elle inspire va du moins, on ne saurait le nier, en croissant.

Depuis 1860, plus les peintres l'abandonnent, plus les amateurs d'art, les collectionneurs et les critiques s'y attachent.

Le colonel de Lacombe publie son travail sur Charlet, Burty rédige le catalogue Parguez dont il aimait à dire lui-même qu'il fut le « *Nonnes, réveillez-vous* » de la lithographie; Giacomelli donne le catalogue enthousiaste et exact de Raffet, et le vicomte Henri Delaborde en prend texte pour écrire en 1863, dans la *Revue des Deux Mondes,* l'histoire de la lithographie. Depuis, Edm. et J. de Goncourt, Mahérault et Emm. Bocher ont analysé et décrit l'œuvre de Gavarni ; Charles Clément a catalogué Géricault ; Alfred Robaut, Delacroix; Adolphe Moreau, Decamps ; Bouvenne, Bonington et Lemud ; Jules Adeline, Bellangé ; Arsène Alexandre, Daumier. Les portraits d'Achille Devéria ont aussi été décrits, et les œuvres de Gigoux, P. Huet, du capitaine Leblanc, de Bouquet, Hervier, Bonhomme, Laemlein, Chéret. — Champfleury, Armand Dayot, Grand-Carteret se sont occupés de la lithographie dans ses rapports avec la caricature et la peinture des mœurs. M. de Lostalot a écrit une nouvelle histoire de la lithographie. Hier encore, M. Henry de

Chennevières, à l'occasion de l'exposition de 1889, payait un juste tribut d'admiration aux merveilles lithographiques.

Et à chacun venait la même idée : montrer, par une exposition générale, l'histoire de la Lithographie.

Cette exposition générale, la voici réalisée. Et la Lithographie n'a eu qu'à se nommer pour trouver tous les patronages, toutes les adhésions, tous les concours : tant est vif le désir de la voir reprendre son rôle.

On ne pouvait cependant songer à montrer quiconque a lithographié, au risque de noyer le bon dans le médiocre ou dans le pire : — n'oublions pas que si le nom de lithographe s'applique à des Prud'hon et à des Delacroix, il est aussi porté par de simples dessinateurs de modes. — D'un autre côté, ne montrer que quelques morceaux célèbres, hors ligne (et dans lesquels on est trop porté à résumer tout l'honneur de la lithographie) comme le *Gros Horloge,* le *Cheval dévoré par un tigre* et le *Combat d'Oued-Alleg,* c'est refaire toujours la même exposition : c'est recommencer l'exposition des estampes du Siècle de la salle Georges Petit ou l'exposition centennale de 1889.

Porter le chiffre des œuvres exposées à MILLE pièces, insister sur les œuvres des maîtres et les montrer par des épreuves exceptionnelles, afin qu'on puisse juger de la diversité des manières, de la souplesse et de la richesse du procédé, telle est la donnée de l'exposition actuelle. Les amoureux de « la Belle Épreuve » auront ici une occasion unique de réjouir leur œil, par la contemplation d'épreuves fleur de pierre, quelquefois même tirées avec remarques marginales. Ils ne reverront pas souvent des Delacroix ou des Decamps comme ceux de M. Beurdeley, des Raffet, des Géricault comme ceux de M. Alexis Rouart.

Il est bien entendu que les pièces ont été groupées et placées en suivant du plus près possible l'ordre chronologique.

Et, cet ordre chronologique, on a même tenté de l'introduire dans le Catalogue. L'ordre alphabétique par noms d'artistes donne, en effet, un mélange hétérogène et sans signification (on peut le constater en se reportant à la table placée à la fin du catalogue). L'ordre chronologique rigoureux est, il est vrai, impossible à cause du chevauchement des œuvres. Mais il reste un troisième plan, une chronologie approximative, sinon absolument exacte dans le détail, du moins donnant dans l'ensemble la physionomie et le mouvement vrais de l'art lithographique, en plaçant distinctement sous les yeux ses quatre grandes périodes :

Les débuts du procédé : la lithographie de la Restauration, celle des Vernet, de Bonington et de Géricault;

La lithographie de 1830, des romantiques et des coloristes, la lithographie de Delacroix, de Gigoux et d'Eugène Isabey;

La lithographie de 1840 à 1855, avec l'épanouissement des œuvres de Daumier, Gavarni, Raffet, avec les noms de Mouilleron, de Nanteuil et de Français;

Enfin la lithographie des trente-cinq dernières années.

Si elle remet les lithographies dans la mémoire du public; si elle peut remettre le crayon lithographique dans la main des peintres, pour qui il est le moyen d'expression le plus pratique, cette exposition (quoique venant après tant d'expositions et de sous-expositions dont on commence à être saturé), cette exposition de la Lithographie aura été, elle, vraiment utile.

HENRI BERALDI.

DÉSIGNATION

SENEFELDER (Aloys)

1. Portrait de Senefelder, par Jacob. (*Collection Engelmann.*)

ESSAIS LITHOGRAPHIQUES

2. Lithographies anglaises à la plume, 1803. (*Collection Engelmann.*)
3. Deux portraits de Napoléon lithographiés en Allemagne vers 1809. (*Collection Bapst.*)
4. Troisième et cinquième Essais lithographiques d'Engelmann, au lavis. (*Collection Engelmann.*)
5. Portrait du comte de Lasteyrie. (*Collection Bapst.*)

GUÉRIN (Pierre)

6. Le Paresseux, pièce exécutée vers 1816, lorsque Guérin fut désigné par l'Institut pour faire partie d'une commission chargée d'examiner les lithographies offertes par Engelmann. (*Collection Beraldi.*)

GIRODET-TRIOSON

7. Portrait de Coupin de la Couperie, 1816. (*Collection de Laage.*)

GROS

8. Mameluck à cheval, 1817.

DENON

9. Portraits, réunion de famille autour d'une table de travail.

MAUZAISSE

10. Frontispice allégorique d'après Gros.

DEMARNE

11. Au Pâturage. (*Collection Jean Gigoux.*)

VERNET (Carle)

12. Scène militaire.
13. Cheval arabe équipé.
14. Mameluck au repos.
15. Chasseur à courre.
16. Voyage à dos de mulet.
17. Cheval au ruisseau.
18. Embourbé !
19. Désarçonné !
20. Premier Janvier 1760. — Premier Janvier 1821.
    (*Appartenant à M. Gosselin.*)

VERNET (Horace)

21. Portrait de Carle Vernet.
22. Portrait d'Horace Vernet.
23. Le Lancier, 1816. — Deux Chasseurs, 1816.
24. Mme Perregaux.
25. Portrait.
26. Le Débarquement.
27. Abbaye de Jumièges.
(Collection Rouart.)
28. Sœurs de Charité. *(Collection Paul Colin.)*
29. Souvenirs et Regrets.
30. Soldats jouant à la drogue.
31. Au Colonel Moncey.
32. Les Forçats.
(Collection Beraldi.)
33. Le Galant Hussard.
34. Prise d'une redoute par des Grenadiers français.
35. Ismail et Mariam.
36. Stage-Coach.
37. Malle-Poste.
(Appartenant à M. Gosselin.)
38. Le Général Quiroga. *(Collection Ém. Javal.)*

HERSENT

39. Baigneuses surprises.

BOURGEOIS (Constant)

40. Château de Sainte-Marie près de Luz, 1818.
41. Lassaratz, Suisse, 1820.
(Collection Chartier.)

CASSARD

42. La femme Leyrac, grenadier. (*Collection Bapst.*)

ISABEY (J.-B.)

43. Invitation à un bal masqué chez Isabey pour le mardi gras de 1819.
44. Le Duo.
45. Portraits.
(*Collection Alexis Rouart.*)
46. Chambre de Henri IV au château d'Harcourt. (*Collection J. Gigoux.*)
47. Intérieur de l'église de Graville, 1821.
48. Intérieur de Saint-Marc, 1822.
49. Un Pont à Florence.
(*Collection Bapst.*)
50. Portrait d'Eugène Isabey : *Mon fils, mon élève et mon ami.*
51. La Duchesse d'Angoulême.
52. L'Armée française en Afrique, juin 1830, panorama par J.-B. Isabey, d'après Eug. Isabey; les Vaisseaux lithographiés par B. de Saint-Aulaire. (*Collection L. Bry.*)
53. La Rade de Toulon, d'après Eug. Isabey. (*Collection L. Bry.*)

CRÉPY-LE-PRINCE (Le Baron)

54. Madame Horace Vernet.
55. La Duchesse de Reggio.
(*Appartenant à M. Gosselin.*)

MONTFORT

56. Le Matin d'une bataille.
57. Combat de cavalerie.
58. Combat de cavalerie.
(*Collection Bapst.*)

BACLER D'ALBE (Le Général)

59. Vues.

CHARLET

60. Son portrait par lui-même.
61. Le Voltigeur.
62. Le Carabinier.
63. Le Drapeau défendu.
64. Le Français après la victoire.
65. Les Deux Grenadiers.
66. Le Soldat français.
67. Les Frères d'armes.
68. Le Caporal blessé, et son chien léchant la blessure.
69. L'Invalide.
70. Délassement des consignés.
71. Seriez-vous sensible ?
72. « Je suis innocent », dit le conscrit. « Par le flanc droit », répond le caporal.
73. Le Gamin éminemment national.
74. Au Général Foy.
75. Tremblez, ennemis de la France !
76. On se masse, l'Ancien est là, le père l'enfonceur.
77. La Promotion.
78. Le Voilà.
79. C'est lui !
80. *1810.*
81. La Maison du Garde-Chasse.

(Collection Beraldi.)

82. Combat d'Infanterie.
83. Guide.

(Collection Rouart.)

84. Saint-Jean-d'Acre.
85. Le Billet de Logement.
86. La Boutique de Gihaut, marchand d'estampes.

                (*Collection Bapst.*)

GÉRICAULT

87. Convois de Blessés. (*Collection Beurdeley.*)
88. L'Artilleur sur son Caisson. (*Collection Bapst.*)
89. Bouchers de Rome.
90. A cheval.
91. Le Factionnaire suisse au Louvre, 1819.
92. Retour de Russie.
93. Mameluck de la Garde.
94. *Various Subjects*, titre des grandes lithographies de la série dite de Hullmandel, 1821.
95. L'Aveugle joueur de Cornemuse.
96. Le Pauvre Homme à la Porte d'une Boulangerie.
97. Les Deux Life-Guards.
98. Cheval arabe.
99. La Paralytique.
100. Le Maréchal Flamand.
101. Le Maréchal Français.
102. Le Maréchal Anglais.
103. Le Chariot de Charbon.

                (*Collection Rouart.*)

104. L'Entrée de l'Entrepôt d'Adelphi.
105. Chevaux promenés par un domestique.
106. Le Jockey.
107. Chevaux se battant dans une Écurie.

                (*Collection Beraldi.*)

ROBERT-FLEURY

108. Le Billet de Logement, 1820.

PRUDHON

109. La Famille malheureuse, 1822. (*Collection Rouart.*)
110. La Lecture. (*Collection Javal.*)
111. Le Triomphe de Bonaparte, lithographie d'après Prudhon. (*Collection Bapst.*)

COUPIN DE LA COUPERIE

112. Nymphe sortant du Bain. (*Appartient à M. S. Mayer.*)

BERRY (La Duchesse de)

113. Deux Vues du Château de Rosny. (*Collection Dumesnil.*)

SWEBACH

114. Hussards. (*Collection Bapst.*)

SWEBACH (Édouard)

115. Courses.

THOMAS (A.-J.-B.)

116. *Un An à Rome.* Inondation de la place Navone. 1823. (*Appartenant à M. S. Mayer.*)

VIGNERON

117. Le Sergent Mercier, qui refusa d'arrêter Manuel. (*Collection Bapst.*)
118. Mme Damoreau.

JUHEL

119. Halte, Campagne d'Espagne. (*Collection Bapst.*)

BOUG D'ORSCHWILLER

120. Paysages. (*Collection Engelmann.*)

BOSIO

121. Promenade aux Tuileries. (*Collection Engelmann.*)

MARLET

122. Un *Homme-Sandwich* en 1823.

AUBRY (Charles)

123. Charles X à cheval, 1824.

BONINGTON

124. Le Gros-Horloge à Rouen, 1824.
125. Fontaine de la Crosse.
126. Saint-Sauveur à Caen.
127. Saint-Jean de Lyon.
128. Salle des Pas-Perdus du Palais de Justice de Rouen.
129. La Cathédrale de Rouen avant l'incendie.
130. La Tour du Marché à Berghes.
131. *Architecture au Moyen-Age*, titre.
    (*Collection Beraldi.*)
132. Pesmes.
133. L'Abbaye de Tournus.
134. Croix de Moulins-les-Planches.
135. Façade de l'Église de Brou.

136. Lac Lomon. — Lac Killin.
137. Vues d'Édimbourg.
138. Embouchure de la Rivière de Caxoera.
139. Entrée de la Baie de Rio-Janeiro.
(Collection J. Gigoux.)

ATTHALIN (Le Baron)

140. La Grande Maison aux Andelys.
141. Escalier de Saint-Maclou.
142. Château de Gisperg.
(Collection J. Gigoux.)

COURTIN

143. Chœur de l'Église de Brou. (*Collection J. Gigoux.*)

ENFANTIN (Augustin)

144. Ruines de l'Abbaye de Mortemer. (*Collection J. Gigoux.*)

ASSELINEAU

145. Encadrement de page d'après Viollet-le-Duc.

BOILLY (Louis)

146. Réjouissance publique. (*Collection Javal.*)
147. Spectacle gratis. (*Appartenant à M. S. Mayer.*)

PIGAL

148. Je ne veux pas.
149. En toute chose il faut considérer la fin.
(Collection Beraldi.)

BELLANGÉ (Hippolyte)

150. Blessés.
151. La Garde meurt.
152. Hussards.
153. Hussards.

(*Collection Bapst.*)

154. 30 Mars 1814.
155. Arçole.
156. Eh bien! oui, charbonnier est maître chez lui.

(*Appartenant à M. Gosselin.*)

157. Leçon d'escrime. (*Appartient à M. S. Mayer.*)
158. Portrait du colonel de Lacombe, collectionneur de lithographies.
159. Dans la tranchée.

PAJOU (Augustin-Désiré)

160. La Famille Pajou. (*Collection Beraldi.*)

GOYA

161. Les Taureaux de Bordeaux, lithographies exécutées à Bordeaux en 1825. — El famoso americano Mariano Ceballos.
162. — Dibersion de España. Mariano Ceballos.

(*Collection Rouart.*)

163. — Picador enlevé sur les cornes du taureau.
164. — La Division de place.

(*Collection Bonnat.*)

INGRES

165. L'Odalisque, 1825.
166. Quatre Seigneurs de la cour de Bourgogne, cul-de-lampe pour les *Voyages Pittoresques dans l'ancienne France*.

(Collection Rouart.)

SUDRE

167. Odalisque, d'après Ingres, 1827.
168. Portrait, d'après Ingres.

(Collection Rouart.)

AUBRY-LECOMTE

169. Portrait de Girodet.
170. Psyché et l'Amour, d'après Gérard, 1828.
171. A.-P.-A. de Montmorency-Laval.
172. La Vierge, d'après Prud'hon.
173. L'Amour et l'Amitié, d'après Prud'hon.
174. Les Vendanges, d'après Prud'hon.

(Collection de Mme Aubry-Lecomte.)

COGNIET (Léon)

175. L'Attention.
176. Portrait de Pierre Guérin.

(Collection de Laage.)

VIEL-CASTEL (H. de)

177. Un Pâtre. *(Collection Engelmann.)*

FRAGONARD (Al.-Ev.)

178. Le Spectre de la Montagne, 1827.
179. La Toilette de la Mariée.
        (*Appartenant à M. S. Mayer.*)

SAINT-ÈVRE

180. Scène de *Quentin Durward*, 1828. (*Collection Beraldi.*)

COLIN (Alexandre)

181. Portrait de Géricault.
182. L'Atelier de Girodet, portraits.
183. Odalisque.
184. Scène tirée de Lord Byron.
185. Mademoiselle Julienne, du Vaudeville.
186. Mademoiselle Mante.
187. Damas dans le *Misanthrope*.
        (*Collection Paul Colin.*)

GUDIN (L.)

188. Combat de cavalerie. (*Collection Engelmann.*)

GUDIN (Th.)

189. Marines, 1828. (*Collection Engelmann.*)

RUGENDAS (Maurice)

190. Forêt vierge au Brésil. (*Collection Engelmann.*)

HENRIQUEL-DUPONT

191. Portrait de Parguez, collectionneur de lithographies, 1828.

CALAMATTA

192. Le Docteur Martinet, d'après Ingres.

BAZIN AÎNÉ

193. Armand, du Théâtre des Nouveautés, dans le *Mari à l'essai.*

PHILIPON

194. Souvenir d'amourette, 1828.

LAMI (Eugène)

195. Camp de Lunéville. L'Alerte, 1828.
196. — Conversion par escadrons.
197. — Le Repos.
198. — Suspension d'armes.
199. Voyage à Londres. Valking, 1828.
200. — A littre mare and a pony.
201. Les Princes Citoyens.

(*Collection Rouart.*)

202. Cavalerie française, 1831.
203. —
204. —
205. —

(*Collection Bapst.*)

MONNIER (Henry)

206. Quartiers de Paris, 1828. Le Marais.
207. — — Chaussée-d'Antin.
208. — — Faubourg Saint-Honoré.
209. — — Quartier de Saint-Denis.
210. — — La Bourse.
211. — — Faubourg Saint-Germain.
212. Grisettes.
213. Modistes.
>(Collection Rouart.)
214. Monsieur Prudhomme.
215. Madame Prudhomme.
>(Collection L. Bry.)

GRANDVILLE

216. Voyage pour l'Éternité, 1828.
217. Métamorphoses du Jour.
>(Appartenant à M. L. Conquet.)
218. Affiche de la Caricature. (Collection G. Decaux.)

HARDIVILLIERS

219. Le Duc de Bordeaux visitant la caserne des hussards de la Garde à Fontainebleau.

FIELDING (Newton)

220. Croquis d'Animaux. (Collection Rossigneux.)

ROBILLARD (Hippolyte)

221. Portrait d'homme.

DELACROIX (Eugène)

222. *Faust*, 1828. Méphistophélès dans les Airs.
223. — — Faust dans son cabinet.
224. — — Faust et Wagner.
225. — — Le Barbet.
226. — — Apparition de Méphistophélès.
227. — — Méphisto recevant l'Écolier.
228. — — La Taverne des Étudiants.
229. — — Faust et Marguerite dans la Rue.
230. — — Méphisto se présente chez Marthe.
231. — — Le Duel.
232. — — Après le Duel.
233. — — Les Montagnes du Hartz.
234. — — Le Sabbat.
235 — — La Prison.

(*Collection Beurdeley.*)

236. — — Marguerite au Rouet.
237. — — Marguerite à l'Église.
238. — — Apparition de Marguerite.
239. Le Message.
240. *Chroniques de France.* Duguesclin.
241. — La Sœur de Duguesclin.

(*Collection Rouart.*)

242. Macbeth consultant les Sorcières. (*Collection Bouvenne.*)
243. Combat du Giaour et du Pacha.
244. Front-de-Bœuf et la Sorcière.
245. Front-de-Bœuf et le Juif.
246. *Hamlet*, 1834. Hamlet et la Reine.
247. — — Meurtre de Polonius.

248. *Hamlet*, 1834. Hamlet et le Roi.
249. — — Mort d'Ophélie.
250. — — Combat dans la fosse.
251. *Gœtz de Berlichingen.* — Gœtz écrivant ses Mémoires.
252. — Weislingen enlevé par les gens de Gœtz.
253. — Gœtz secouru par les Bohémiens.
254. — Gœtz et Frère Martin.
255. — Mort de Gœtz.
256. Cheval sauvage terrassé par un Tigre.
257. Lion vu de face.
258. Jeune Tigre jouant avec sa Mère.
    (*Collection Beurdeley.*)
259. Lion de l'Atlas.
260. Tigre Royal.
    (*Collection de Laage.*)
261. Cheval sauvage.
262. Lion dévorant un cheval, 1844.
    (*Collection Rouart.*)

DECAMPS

263. Pauvre noir.
264. Le Thermomètre.
265. Épisode du Massacre de Scio.
266. Le Savoyard.
267. Une Visite à l'Hôtel-Dieu.
268. Un Chameau.
269. Kiosque au bord d'une Rivière.
270. Croquis. Sept feuilles.
271. Feuilles tirées des *Croquis par divers Artistes*.
272. Sujets de Chasse, 1829-1830. Le Chenil.
273. — — Retour de la Chasse.

274. Sujets de Chasse, 1829-1830. L'Escalade.
275. — — Chasse au furet.
276. — — Chasse au loup.
277. — — Chienne sortant de sa niche.
278. — — Intérieur d'un chenil.
279. Garde-Chasse.
280. Croquis.
281. Croquis.
282. Femme et Enfant.
283. *Album lyrique*, 1830. Titres de romance.
284. Patrouille à Smyrne, 1831.
285. Les Mendiants, 1834.
286. Le Lièvre et la Tortue.
287. Le Coup décisif, 1836.

(Collection Beurdeley.)

GIGOUX (Jean)

288. Portrait de la mère de Jean Gigoux.
289. Le baron Gérard.
290. Eugène Delacroix, 1831.
291. Paul Delaroche.
292. David d'Angers.
293. Alfred de Vigny.
294. Antonin Moine.
295. Th. Jouffroy.
296. Le libraire Eugène Renduel.
297. Mme Allan Dorval.
298. Mlle Journet et la fille de Mme Dorval.
299. Fanny Kemble.
300. Caroline Murat.

(Collection Beraldi.)

301. Alfred et Tony Johannot.
302. Jeune Femme au voile.
303. Le Médaillon.

(*Collection Rouart.*)

BOULANGER (Louis)

304. La Saint-Barthélemy.
305. Fin du premier acte de la *Juive*.

(*Collection Beraldi.*)

DEVÉRIA (Achille)

306. Portrait d'Achille Devéria.
307. La Naissance de Henri IV, d'après Eugène Devéria.
308. Portrait d'Eugène Devéria.
309. Mlle Motte (Mme Ach. Devéria).
310. Les princesses Louise, Marie, Clémentine, et la duchesse d'Orléans.
311. Alexandre Dumas, en pied.
312. Alexandre Dumas, buste.
313. Victor Hugo.
314. Lamartine.
315. Alfred de Vigny.
316. Chateaubriand.
317. Adolphe Dittmer, auteur des *Soirées de Neuilly*.
318. Ajasson de Grandsagne, professeur de chimie à Lyon.
319. Léon Noël, lithographe.
320. Grévedon, lithographe.
321. Desmaisons, lithographe.
322. C. Roqueplan.
323. De Gisors, architecte.

324. Ziégler.
325. Liszt.
326. Henri Hertz.
327. Du Sommerard.
328. Régnier, de la Comédie-Française.
329. Mme Eckerlin, des Italiens.
330. Juliette et Judith Grisi, des Italiens, 1833.
331. Mlle Amigo, des Italiens.
332. Alexandrine Noblet, de l'Odéon.
333. Fanny Essler dans le *Diable boiteux*.
334. Mme Paradol, de la Comédie-Française.
335. Portrait de femme.
336. Mlle Tomeoni.
337. Mme Huerta et ses deux enfants.
338. Elle dort (Mme Gaugain, femme de l'éditeur d'estampes).
339. La Petite Compagnie (les enfants de la baronne Dubois).
340. La Maman (Mme Victor Hugo et son fils Charles).

(Collection Beraldi.)

341. Mme Ach. Devéria, étude pour le *Goût Nouveau*.
342. Mme Ach. Devéria, autre étude.
343. Mme P***.
344. Couverture d'album.

(Collection Paul Colin.)

345. Le Piano.
346. Je l'aime tant !

(Collection Rouart.)

DEVÉRIA (Eugène)

347. La Folie des Sages du temps passé.
348. Baiser sur le front.

(Appartenant à M. S. Mayer.)

JOHANNOT (Alfred)

349. La Querelle.

JOHANNOT (Tony)

350. Diane de Poitiers et Montgomery. (*Collection Rouart.*)
351. Coralie.

ROBERT (Léopold)

352. Italienne. (*Collection Beurdeley.*)

DELAROCHE (Paul)

353. Les Enfants d'Édouard. (*Collection Rouart.*)

SCHEFFER (Ary)

354. Sujets divers.
355. Si jeune!
 (*Collection Engelmann.*)

ISABEY (Eugène)

356. Souvenirs d'Eugène Isabey, 1832.
357. — — —
358. — — —
359. — — —
360. — — —
361. Intérieur d'un Port, 1833.
362. Marée basse.
363. Retour au Port.

364. Radoub d'une Barque.
365. Environs de Dieppe.
366. Souvenir de Saint-Valéry.

        (*Collection Beurdeley*.)

367. Le Retour au Port, grand format.
368. Marée basse, essai de lavis.
369. Côte de Douvres, essai de lavis.

        (*Collection Beraldi*.)

HUET (Paul)

370. Le Crépuscule.
371. Gros temps.
372. Coucy.
373. Le Ruisseau.
374. Les Ormeaux.
375. Le Marais.
376. Clocher d'Harfleur.
377. Le Matin, plage.
378. La Maison du Maréchal.
379. La Prairie.
380. Sous bois au lapin.
381. Bord d'un Plateau.
382. Campagne de Paris.
383. Le Soir.
384. Paysages.
385. Paysage italien.
386. Le Grain.
387. Paysage des Pyrénées.
388. Ruines près d'une Rivière.

        (*Collection René-Paul Huet*.)

DUPRÉ (Jules)

389. Vue prise à Alençon, 1833.
390. Moulin de la Sologne.
391. Vue prise en Normandie.
392. Vue prise dans le port de Plymouth.
393. Bords de la Somme.
394. Vue prise en Angleterre, 1836.

(Collection Jules Dupré fils.)

ROQUEPLAN (Camille)

395. La Procession. *(Collection Beurdeley.)*
396. Vue prise près de Marly.
397. Environs de Dieppe.
398. Vue prise à Gisors.
399. Les Courses.

(Collection Beraldi.)

LE POITEVIN (Eugène)

400. Marines.
401. Départ pour la Pêche.
402. Les Envois de Tableaux au Salon.

BARYE

403. Étude de Tigre.
404. Étude de Chats.
405. Jeune Axis.
406. Ours du Mississipi.

(Collection Bonnat.)

407. Lion de Perse.
408. Lionne et ses petits.
    (Collection de Laage.)

FEUCHÈRES

409. Portrait de Daumier, jeune. *(Collection Beraldi.)*

JEANRON

410. Guinard, Trélat, Cavaignac. *(Collection Beraldi.)*
411. Les Hirondelles. *(Collection Bouvenne.)*

LEBLANC (Le Capitaine)

412. Pallikare, 1834. *(Appartenant à M. S. Mayer.)*

DAUZATS

413. Le Donjon du Capitole, à Toulouse.
414. Escalier de l'Arsenal, —
415. Saint-Sauveur, cathédrale de Bruges.
416. Chœur de Sainte-Cécile d'Alby, 1833.
417. Saint-Bertrand de Comminges, 1839.
    (Collection Rossigneux.)

FRAGONARD (Th.)

418. Cour du Capitole, à Toulouse.

BALAN

419. Stalles de la Cathédrale d'Amiens. *(Collection Rossigneux).*

OUVRIÉ

420. Stalles de Saint-Bertrand de Comminges. (*Collection Rossigneux.*)

LÉGER

421. Maison dite de la Reine Bérengère.

ROUARGUE (Adolphe)

422. Architecture pittoresque.

BOUQUET (Auguste)

423. Debureau dans le *Chiffonnier*.
424. — dans le *Songe d'or*.
425. — dans le *Joli Soldat*.
426. — dans les *Cosaques*.
(*Collection Beraldi.*)

ADAM (Victor)

427. Cavalerie légère. Lanciers.
428. Le Tourne-bride dans la forêt.
429. La Descente de la Courtille.
430. Marché aux chevaux de Paris.
431. Course au Champ-de-Mars.
432. Album lithographique. (*Appartenant à M. Mayer.*)

MADOU

433. Portraits,
434. Les Aquarelles.

435. Le Quatuor.
436. Le soigneux Jardinier.
>(*Collection Rouart.*)

VALLOU DE VILLENEUVE

437. La Coquetterie.

CATRUFO

438. Le Petit Pont.
439. Vue de Paris.
>(*Collection Rouart.*)

HARDING

440. Portrait de Bonington, 1835.
441. Le Pont-Royal, d'après Bonington.
442. Rouen, d'après Bonington.
443. Intérieur d'église, d'après Bonington.
>(*Collection Gigoux.*)

444. Portrait. (*Collection Rouart.*)

GODEFROY

445. Clos Saint-Marc à Rouen.

HERSON

446. Vue de l'hôtel de Sens, à Paris.

LEFRANC

447. Pompe du Pont Notre-Dame.
448. Ruines du château de Tancarville.

PROVOST

449. Projet de décoration du pont de la Concorde.

DURAND (André)

450. La Quiquengrogne, 1835
451. Église Saint-Julien-le-Pauvre.
452. Cathédrale du Puy.
453. Carrefour de la porte Guillaume, à Chartres.
(Collection Beraldi.)

BOUR

454. Obernay, Suisse.

CHALLAMEL

455. La Procession de la Gargouille, d'après Boulanger.

CHAPUY

456. Tour Saint-Michel, à Bordeaux.

JACOTTET

457. Tour du Beffroi, à Douai.

BENOIST

458. Grand Escalier du château de Châteaudun.

CATTERMOLE

459. Intérieur d'église.
460. Étude de paysage.
(Collection J. Chéret.)

FOREST (Eugène)

461. Ruines du château de Bournazel.
462. A Aurillac.
463. Longchamps en 1841.

ALOPHE

464. Pont du Carrousel, 1835.
465. Place Louis XV.
466. Monument gothique.
467. Dresde.
468. Vue de Dresde.
469. Château de Schwerin.
470. Portrait du graveur Barre.
471. Le peintre Couture.
472. Vieuxtemps.
473. Rose et Anna Chéri.
474. Mme Pleyel.
475. La danseuse Frisette.

(Collection Beraldi.)

BOILLY (Jules)

476. George Sand.
477. Mlle Adèle de Savignac.
478. Mme Desormery.

(Collection Beraldi.)

479. Enfants. *(Collection Rouart.)*

LECLER

480. L'acteur Firmin, rôle d'*Hernani*.

BELLIARD (Zéphyrin)

481. Le Duc d'Angoulême, d'après Lawrence.
482. Le Peintre Steuben.
483. Hélène Vigano.

DUCIS

484. Portrait de Granet.

JACOB

485. Portrait de David.

GRÉVEDON

486. La Duchesse de Berry, d'après Lawrence.
487. J.-B. Isabey.
488. Mme Grévedon.
489. Mme Achille Devéria.
490. Mme Plantade.
491. Mlle Anaïs Aubert.
492. Mlle Noblet.
493. Mme Malibran.
494. Mlle Rachel.
495. La Duchesse de Nemours, d'après Winterhalter.
        (*Collection Beraldi.*)

NOËL (Léon)

496. Mlle Déjazet, 1835.
497. Mlle Dupont, de la Comédie-Française.
498. Mme Dorval.

499. Mlle Nau, de l'Opéra.
500. Mlle Jawureck, de l'Opéra.
501. Mlle Willmen, du Vaudeville.
502. Mlles de Pourtalès.
503. Léopoldine Hugo enfant, d'après L. Boulanger.
504. Le peintre Duval Le Camus.
505. Le Maréchal Grouchy.
506. La Comtesse Marescalchi, d'après Meuret.
507. Le Comte de Paris enfant, d'après Winterhalter.
508. La Duchesse d'Aumale,   —
509. La Duchesse de Montpensier,   —
510. Le Baron Taylor.
511. Mme Gaveaux-Sabatier, 1850.

(*Collection Beraldi.*)

JULIEN

512. Alexandre Dumas.
513. Mlle Adèle Boury.
514. Victor Hugo, Chateaubriand, David, Barye.
515. Cormenin, Eugène Sue, Lamennais.
516. La Reine Marie-Amélie.
517. Contes de la Grand'Mère.

(*Collection Félix Julien.*)

TASSAERT (Octave)

518. Treizième anniversaire de la naissance du duc de Bordeaux.
519. Portrait du lithographe Julien, 1838. (*Collection Félix Julien.*)

ROUBAUD (Benjamin)

520. Portrait de Benjamin Roubaud.
521. Victor Hugo et son fils Charles.
> (*Collection Beraldi.*)

TRAVIÈS

522. Liard, le Chiffonnier philosophe. (*Collection Rouart.*)

SORRIEU

523. Portrait du romancier Lottin de Laval.

LEMUD (Aimé de)

524. Maître Wolframb, 1838.
525. Hélène Adelsfreidt.
526. Le Retour en France des Cendres de Napoléon.
527. Le Prisonnier.
528. Mathieu Laensberg.
529. Hoffmann.
530. Portrait de Jean Gigoux.
> (*Collection Beraldi.*)

531. L'Enfance de Callot. (*Collection Rouart.*)

GIRAUD (Eugène)

532. Portrait de l'acteur Mélingue.

MÉLINGUE

533. Dernière scène du *Pacte de Famine*, 1839.

JOYANT

534. Vue de Venise. (*Collection Rouart.*)

DEROY

535. Église Saint-Sernin à Toulouse.
536. Baudelaire.

MOZIN

537. La Famille du Marin.

MOREL-FATIO

538. Marine. (*Collection de Laage.*)

DEDREUX (Alfred)

539. Louis-Philippe et la Reine Victoria à Windsor.
540. Cheval.
541. Promenade à cheval.
542. Malle-Poste.
543. Cabré !
    (*Appartenant à M. Gosselin.*)

DESMAISONS

544. Léopold Robert.
545. Le Docteur Ricord.

JOURDY

546. Portrait du sculpteur Pradier.

LACAUCHIE

547. Mlle Frantz, dans la *Biche au Bois*.

BIDA

548. Le peintre Leygue.

JACQUE (Charles)

549. Les Malades et les Médecins, 1843.

CHASSÉRIAU

550. Apollon et Daphné, 1844.
551. Vénus Anadyomène.
552. Othello, 1844.
  (Collection Chassériau.)

CURZON (Alf. de)

553. Albanaise d'Athènes.

BARON (Henri)

554. Une Sieste en Italie.
555. Les Oies de Frère Philippe.

BAYOT

556. Formation du train des diligences à la Gare de Paris.

BOURDET

557. La Sœur de Charité.

PLATIER

558. Mme Ancelot.

PRUCHE

559. Je ne suis pas feignant!

BOUCHOT

560. Les Petits Mystères de Paris.

CHANDELLIER

561. Méditation.

MAURIN

562. Le duc d'Orléans. (*Collection Engelmann.*)

LLANTA

563. Boucher-Desnoyers, d'après Dubufe, 1846.

MARIN-LAVIGNE

564. La Justice et la Vengeance poursuivant le Crime, d'après Prud'hon. (*Collection de Laage.*)
565. Lemercier, imprimeur lithographe.
566. Le Général Belliard. (*Collection Bapst.*)
567. Aubry-Lecomte (*Collection de Mme Aubry-Lecomte.*)

DAUMIER

568. Barbé-Marbois.
569. La Rue Transnonain.

570. C'est toujours avec un nouveau plaisir.
571. Gros et Gras.
572. Vous avez la parole, expliquez-vous.
573. Cauchemar du Constitutionnel.
574. Bastien et Robert, assassins de la femme de la rue de Vaugirard.
575. Robert-Macaire.
576. Le Mari fait la Cuisine.
577. A dada sur mon bidet.
578. Henry Monnier.
579. Avocats.

(*Collection Rouart.*)

580. Les Gens de Justice.
581. —
582. —
583. —
584. —
585. Mœurs conjugales.
586. Les Représentants représentés, 1848, Lagrange.
587.   —   — Félix Piat.
588.   —   — Crémieux.

(*Collection Maindron.*)

589. Les Saltimbanques.
590. Henry Monnier dans *Joseph Prudhomme*.
591. Grand Déménagement du Constitutionnel.
592. La Tentation du nouveau saint Antoine.
593. Grande Croisade contre les Journalistes.
594. Défilé de l'Armée levée pour entreprendre l'Expédition de Rome à l'intérieur.
595. Devant les Tableaux de Meissonier.

(*Collection Beraldi.*)

GAVARNI

596. Portrait de Gavarni *à la cigarette*.
597. Bal de la Chaussée-d'Antin.
598. Bonjour, Ami!
599. La Pastourelle.
600. Types d'enfants. Alfred (Feydeau).
601. — Pascal (Pierre Bry).
602. — Clotilde.
603. — Laure.
604. Elle est morte.
605. *Paris*. Marchande de Modes. [Cadre par Sorrieu.]
606. — Couturière. —
607. — Bouquetière. —
608. — Gantière. —
609. — Lingère. —
610. — Cordonnière. —
611. Les Actrices.
612. Le Carnaval à Paris.
613. Les Débardeurs.
614. Les Lorettes.
615. Les Enfants terribles.
616. Titre des Enfants terribles.
617. Affiche du *Diable à Paris*, 1845.
618. Affiches illustrées.
619. Dans les Coulisses.
620. Highland Piper, 1851.
621. Rustics Groups of Figures, 1854.
622. — —
623. — —
624. — —

625. Rustics Groups of Figures, 1854.
626.   —   —
627. La Lanterne magique.
628. Satan.
629. Thomas Vireloque.
630. Le Manteau d'Arlequin.
631. Masques et Visages.
632. Physionomies parisiennes, 1857.
633.   —   —
634. D'après nature, 1858.
635. Il lui sera beaucoup pardonné parce qu'elle a beaucoup dansé.
636. La Duchesse d'Abrantès.
637. M. Debelleyme.
638. Alfred de Musset.

(Collection Beraldi.)

639. Decamps.
640. Mme Feydeau.
641. Gulnare (Mme Mélanie Waldor).
642. Mme Montigny.
643. Raymond Lagarrigue.
644. Mélingue.
645. Henry Monnier.
646. Le Prince Napoléon.
647. Le Vase de Cristal.
648. Le Courrier de Paris.

(Collection Rouart.)

RAFFET

649. Portrait de Raffet.
650. La Prise du Fort Mulgrave.

651. Conquête de la Hollande.
652. Le Représentant a dit...
653. Il est défendu de fumer, mais vous pouvez vous asseoir.
654. Charge de Hussards républicains.
655. Le Moral est affecté chez l'Autrichien.
656. L'Ennemi ne se doute pas que nous sommes là.
657. A ce Jeu-là on n'attrape que des Coups.
658. Bonaparte en Italie.
659. Bonaparte à cheval.
660. Bonaparte général en chef en Égypte.
661. Napoléon (Affiche pour le livre de Norvins).
662. L'Inspection.
663. La Revue.
664. *1807*.
665. Vive l'Empereur.
666. La Veille.
667. Le Lendemain.
668. Mon Empereur, c'est la plus cuite.
669. La Main, Voltigeur.
670. Lutzen.
671. La Pensée.
672. Ils grognaient et le suivaient toujours.
673. Waterloo.
674. Demi-bataillon de gauche ! Joue ! Feu ! Chargez !
675. Dernière Charge des Lanciers rouges.
676. Retraite du Bataillon sacré.

(Collection Beraldi.)

677. Allocution devant Augsbourg.
678. Waterloo.
679. Le Réveil.

(Collection Bapst.)

680. La Revue nocturne.
681. Le Rêve.
682. Séjour de Garnison.
683. Les Adieux de la Garnison.
684. Affiche de *Napoléon en Égypte*.
685. Affiche de la *Némésis* de Barthélemy.
686. Affiche de l'*Algérie* de Léon Galibert.
687. Retraite de Constantine.
688. Charge des Chasseurs d'Afrique.
689. Le Drapeau du 17e Léger.
690. Le Colonel du 17e Léger.
691. S. A. R. Mgr le Duc d'Aumale.
692. Le Combat d'Oued-Alleg.
693. Le Compagnon du Tour de France.
694. Catalans sur la Rambla.
695. *Voyage dans la Russie méridionale*. Titre.
696. Paysans russes.
697. Karaïmes.
698. Arnaoutes.
699. Arméniens.

(*Collection Rouart.*)

700. Défilé d'Artillerie, camp de Wossnessensk.
701. Sous-Officiers et Soldats du Régiment de Volhynie.
702. Bal donné à l'Empereur de Russie.
703. Portrait d'Anatole Demidoff.
704. *Siège de Rome*. Titre.
705. — —
706. Prêts à partir pour la Ville éternelle.
707. Dévouement du Clergé catholique.

(*Collection Beraldi.*)

708. Prise du Ponte-Molle.

709. Assaut donné au bastion 8.
710. Combat dans la villa Pamfili.
711. 30 avril 1849.
712. Reconnaissance de Chasseurs.
713. Sapeurs-Mineurs.
714. Artilleurs.
715. Avant-garde du 11ᵉ Dragons.
716. Saint-Pierre.
717. Bénédiction de l'Armée française par le pape Pie IX.
(Appartenant à M. S. Mayer.)

518. Les Cartouches.
719. Le Comte de Meden.
720. Le Maréchal Saint-Arnaud.
721. Le Maréchal Regnaud de Saint-Jean-d'Angély.
722. Félix Douay.
723. Pie IX.
(Collection Bapst.)

BRY (Émile)

724. Le Cri de Waterloo, d'après Raffet. *(Collection L. Bry.)*

BÉTENCOURT

725. L'Automne, 1847. *(Collection Rossigneux.)*

BEAUMONT (Édouard de)

726. Les Jolies Femmes de Paris.

JANET (Gustave)

727. Le Club des Femmes.

ANDRIEUX

728. L'Amateur d'estampes [son portrait par lui-même].
729. Un Insurgé de 1848. (*Appartient à M. S. Mayer.*)

BONHOMMÉ (*dit* le Forgeron)

730. Le 15 Mai 1848.
731. Juin 1848.
732. Mineurs.
733. Intérieur de Forge.
(Collection Rouart.)

BAZIN (Ch.)

734. Portrait d'Armand Barbès. (*Collection Beraldi.*)

FANOLI

735. Les Willis, d'après Gendron, 1848.

RAUNHEIM

736. Sainte Amélie, d'après Paul Delaroche.

NANTEUIL (Célestin)

737. Je t'attends là demain.
738. Soldats jouant aux dés.
739. Encadrement de pages pour les *Voyages Romantiques*.
740. — — — —
741. — — — —
742. — — — —

743. Parias, d'après Préault.
744. Le Liseur, d'après Meissonier.
745. Le Hallebardier, d'après Meissonier.
746. Seuls !
747. Le Passé.
748. Les Premières Roses, d'après Chaplin.
749. Les Airs que l'on aime en France.
750. Les Boutons de Rose, quadrille.
(*Collection Beraldi.*)
751. Souper fin. (*Collection Eugène Rodrigues.*)
752. Perdition, 1850. (*Collection Javal.*)
753. Les Chants intimes.
754. Les Cuirassiers.
755. Le Moulin.
756. Titres de Romance.
757. Les Vieux Refrains.
758. Les Filles du Diable.
759. Sébastopol.
(*Collection Gigoux.*)

MOUILLERON

760. La Ronde de Nuit, d'après Rembrandt.
761. André Vésale, d'après Hamman.
762. Le 28 Juillet 1830, d'après Delacroix. (*Collection Bonnat.*)
763. Le Duc d'Orléans et le Duc d'Aumale, d'après Philippoteaux.
764. Derniers Moments de Léonard de Vinci, d'après Gigoux.
765. La Comtesse de Mniszeck, d'après Gigoux.
766. Visite à l'Atelier de Rembrandt, d'après Leys.
767. Un Coin de Jardin, d'après Bodmer.
(*Collection Beraldi.*)

768. Rêve, d'après Gendron. (*Collection H. Bertauts.*)
769. Le Bas-Bréau.
770. La Ballade écossaise, d'après Delacroix.
(*Collection de Laage.*)
771. Le Rêve du Mousse. — Composition originale.
772. Ballade. —
(*Collection Loutrel.*)

LEROUX (Eugène)

773. *1789, 1830, 1848* (avec Mouilleron).
774. Défaite des Cimbres, d'après Decamps.
775. Samson, d'après Decamps.
776. Samson tournant la Meule, d'après Decamps.
(*Collection Beurdeley.*)
777. Sous Bois, d'après Ad. Guignet. (*Collection H. Bertauts.*)

FRANÇAIS

778. Paysage d'après Decamps.
779. — Marilhat.
780. — J. Dupré.
781. — Th. Rousseau.
782. — Troyon.
783. — Français.
784. Effet du Matin, d'après Th. Rousseau.
785. L'Abreuvoir, d'après J. Dupré.
786. Le Soir, d'après Corot.
787. Danse des Nymphes, d'après Corot.

LAURENS (Jules)

788. Souvenir d'Égypte, d'après Marilhat.
789. Cimetière turc, d'après Raffet.

790. Lithographie pour les *Artistes contemporains.*
791. — —
792. Plaisirs d'été, d'après Diaz.
793. Paysage, d'après Th. Rousseau.

ANASTASI

794. La Moisson, d'après Lambinet. (*Appartenant à M.S. Mayer.*)

DIAZ

795. Les Fous Amoureux.
796. Les Folles Amoureuses.

RAMBERT

797. La Misère.

LAEMLEIN

798. Portrait de Laemlein, 1853.
799. Portrait d'Offenbach.
        (*Collection Raunheim.*)
800. La Charité. (*Collection Naissant.*)

BRASCASSAT

801. Étude d'animaux.
802. Étude d'animaux.
        (*Collection Beurdeley.*)
803. Moutons. (*Collection H. Bertauts.*)

GENGEMBRE

804. Études de Chevaux. (*Collection Engelmann.*)

BONHEUR (Rosa)

805. Moutons. (*Collection Rouart.*)
806. Taureaux espagnols. (*Collection Sirouy.*)
807. Taureau sous un arbre.
808. Moutons et Chèvre.

(*Collection Peyrol.*)

CHAPLIN (Charles)

809. Pâtres des Cévennes. (*Collection H. Bertauts.*)
810. Le Miroir.
811. Le Printemps.

(*Collection Javal.*)

MILLET (Jean-François)

812. Le Semeur. (*Collection Rouart.*)

BODMER (Karl)

813. Forêt de Fontainebleau.
814. Au Bas-Bréau.
815. Les Cerfs.

(*Collection Beraldi.*)

SERVIN

816. Intérieur d'Ecurie.
816 *bis.* Intérieur d'Atelier.

(*Collection Bouvenne.*)

CICERI (Eugène)

817. Château de Clisson. (*Collection Gigoux.*)
818. Souvenirs de voyage.

FELON (Joseph)

819. Son portrait.

CALS

820. Tête de Femme. (*Collection Rouart.*)

DORÉ (Gustave)

821. Suicide de Gérard de Nerval. (*Collection Javal.*)
822. Zouaves de Sébastopol. (*Collection Bapst.*)
823. *La Marseillaise.*

DIDIER (Jules)

824. Sérénade, d'après G. Doré.

BELLEL

825. Bords du Nil, d'après Marilhat. (*Appartenant à M. Mayer.*)

COURBET (Gustave)

826. L'Apôtre Jean Journet. (*Collection Beraldi.*)

BRACQUEMOND

827. Lièvre et Canard suspendus à un clou, 1854.
828. Cavaliers traversant une forêt.
829. Dejeuner des Oiseaux, d'après Chaplin.
(*Collection Beurdeley.*)

DUFOURMANTELLE

830. Hommes d'armes, d'après Meissonier, 1857.

HUE (Ch.)

831. La Fin de l'Œuvre.

LOUTREL (Victor)

832. Mars, d'après Velasquez.
833. Endormie, d'après Plassan, 1857.
834. Le Chien se regardant dans la glace, d'après Stevens.

LALAISSE

835. Chevaux.

GLAIZE (Aug.-Barth.)

836. Un Pilori, 1857.

FLANDRIN (Hippolyte)

837. Frise de Saint-Vincent de Paul.
838. —
839. —

BRESDIN (dit Chien-Caillou)

840. Le Bon Samaritain.
841. La Cascade.

(Collection Bouvenne.)

HERVIER

842. La Barricade. — Deux étùdes. (*Appartenant à M. Dumont.*

CHAM

843. Croquis du Jour.
844. Actualités. — La nouvelle Loi sur la Presse.
845. Études sociales.
846. Études sociales.

(*Collection de Mme la comtesse de Noé.*)

DAMOURETTE

847. Les Gueux.

NADAR

848. Commerson et les *Rêveries d'un Étameur.*

CARJAT

849. Portrait de Daumier.

BÉNASSIT

850. La Photographie, grand cartouche. (*Appartenant à M. S. Mayer.*)

DURANDEAU

851. Un Souper de gens de lettres en 1860. (*Collection Beraldi.*)

ROPS (Félicien)

852. Enterrement au pays Wallon.
853. Un Monsieur et une Dame.
854. La Peine de Mort.

(*Collection E. Rodrigues.*)

MORIN (Edmond)

855. Libre-Échange.

LASSALLE (Émile)

856. Mlle Rachel. (*Collection Beraldi.*)

BAUGNIET

857. Le Sculpteur Dantan jeune.
858. Le Peintre Gallait.

BARGUE

859. Têtes d'études d'après les maîtres.

LEMOINE (Alfred)

860. Adelina Patti.

LEMOINE (Auguste)

861. Portrait de M. Achille Fould.
862. Le Décameron de Winterhalter. (*Collection Beraldi.*)

LAFOSSE (Adolphe)

863. Portrait du peintre Bida.
864. Portrait de Gavarni âgé.
    (*Collection Beraldi.*)

VERNIER (Émile)

865. Les Bulles de savon, d'après Chaplin. (*Collection Beraldi.*)
866. Les Saltimbanques, d'après Doré. (*Collection Luquet.*)

867. Les Casseurs de pierre, d'après Courbet. (*Appartenant à M. Dumont.*)

867 bis. L'Angelus, d'après Millet.

MAILLY

868. Léon Gambetta, 1869. (*Collection Beraldi.*)

SABATIER

869. Bombardement de Strasbourg, d'après G. Doré.

MANET

870. Le Gamin.
871. Guerre civile.
872. Les Courses.
873. Polichinelle.

(*Appartenant à M. Dumont.*)

GILL (André)

874. Montmartre, 18 mars.
875. Rue des Rosiers, 18 mars.
876. Fédéré gardant un Canon.

(*Collection Bouvenne.*)

GRÉVIN

877. La Coupe d'Or.

JACOTT

878. Les Disciples d'Emmaüs, d'après Rembrandt.
879. Les Romains de la Décadence, d'après Couture.
880. Supplice des sept Péchés capitaux, d'après Yvon.
881. Le bon Samaritain, d'après Yvon.
882. Souvenir de Corse, composition originale.

SOULANGE-TEISSIER

883. La Prise de Malakoff, d'après Yvon.
884. Pâris et Hélène, d'après Prud'hon.
885. Saint François d'Assise, d'après Benouville.
886. Saint Pierre de Vérone, d'après Em. Lafon.
887. Chevaux de halage, d'après Decamps.
888. Le Singe peintre, d'après Decamps.
889. Mouton, d'après Rosa Bonheur.
890. Cheval percheron, d'après Rosa Bonheur.
891. Bergerie, d'après Rosa Bonheur.
892. La Mal'Aria, d'après Hébert.

GILBERT (Achille)

893. La Tentation de saint Antoine, d'après Tassaert.
894. La Fortune et l'Enfant, d'après Paul Baudry.
895. La Vérité, d'après Paul Baudry.
896. Maria, d'après Bonnat.
897. Famille du Satyre, d'après Priou.
898. Étude, d'après Lefebvre.
899. Séléné, d'après Machard.
900. Jane Shore, d'après Robert-Fleury.
901. Enfants au Lézard, d'après Diaz.

SIROUY

902. Descente de Croix, d'après Ribera.
903. Vénus et Adonis, d'après Prud'hon.
904. Portrait de Mlle Mayer, d'après Prud'hon.
905. Mme Anthony et ses Enfants, d'après Prud'hon.

906. Jésus au Prétoire, d'après Decamps.
907. Combat d'un Loup avec des Chiens, d'après Decamps.
908. Sous les Pommiers, d'après Rosa Bonheur.
909. Apollon vainqueur du Serpent Python, d'après Delacroix.
910. Boissy-d'Anglas, d'après Delacroix.
911. Les deux Foscari, d'après Delacroix.
912. Portrait d'Eugène Delacroix.
913. Portrait du lithographe Mouilleron, d'après Mniszeck.
913 *bis*. Portraits. Le Sphynx. Sur le qui-vive.

CHAUVEL

914. L'Orage, d'après Diaz.
915. Le Pont de Grez, d'après Corot.
916. Chaumière en Normandie, d'après Isabey.
917. Le Vaisseau-Fantôme, d'après Méryon.
918. Camp arabe, d'après Fromentin.

CORPET

919. Sujets de fleurs.

LEGRIP

920. Portrait du peintre Lethière.

ROBAUT (ALFRED)

921. Une Conversation, d'après Meissonier. (*Collection Beraldi.*)

LETOULA

922. Le Christ appelant les Affligés, d'après Maignan.
923. L'Amiral Carlo Zeno, d'après Maignan.

924. Mort de Chramm, d'après Luminais.
925. Charlotte Corday, d'après Baudry.
926. Portrait d'Eugène Delacroix.
927. Portrait de Daumier.
928. L'Aïeule, d'après Lhermitte.

DE LAAGE (Paul)

929. Études de Chevaux, d'après Géricault.
929 bis. Études de Chevaux, d'après Géricault.
930. Tête de Guêpard. Têtes de Chats.
931. Tigresse de Cochinchine aux écoutes. Tigresse couchée.
931 bis. Tigresse de Cochinchine. Essai de lithog. en couleur.

GUILLON

932. Sarah la Baigneuse, d'après Tassaert. (*Collection Luquet.*)

LUNOIS

933. Laveuses, d'après Daumier.
934. Le Pot de Vin, d'après Lhermitte.
935. Le Vin, d'après Lhermitte.
936. Réunion publique à la Salle Graffard, d'après J. Béraud.
937. L'Abbé Bossuet, curé de Saint-Louis-en-l'Ile.
938. Mademoiselle E***.
939. Les Disciples d'Emmaüs. Composition originale.
940. Hollandaise de Volendam. —
940 bis. La belle Tulipe. —
941. Fileuse arabe. —
941 bis. Femmes arabes tissant un burnous.
942. Convalescence. —

BAHUET

943. Le Maréchal Prim, d'après H. Regnault, 1887.
944. Le Fou, d'après F. Hals.

BÉNARD (AG.)

945. Portraits.
946. Le Bénédicité, d'après W. Guay.

COLAS

947. Floréal, d'après Raph. Collin, 1887.
948. Éventail et Poignard, d'après Falguière.

FRAIPONT

949. Le Concert, d'après Roybet. (*Collection Belfond.*)

GRENIER

950. Moulage sur nature, d'après Ed. Dantan.
951. Chez le sculpteur Aubé. Composition originale.
952. Atelier de Céramiste-Décorateur. —

HERMANT

953. Les Foins, d'après Bastien-Lepage.

MILLOT

954. Lion et Lionne de Perse, d'après nature.

RICHARD

955. Le Rat qui s'est retiré du monde, d'après Ph. Rousseau.

DEGAS

956. Programme pour les anciens Élèves du Lycée de Nantes, 1884. (*Collection Bouvenne.*)

DETAILLE

957. Feuille de croquis. (*Collection Rouart.*)

LA PINELAIS (S. DE)

958. Marine militaire.

BROWN (JOHN-LEWIS)

959. Un Cavalier.
960. Combat de cavaliers.

(*Collection Beurdeley.*)

961. Cavaliers.
962. Études.
963. Lithographie en couleur.
963 *bis*. —
964. Éventail.

(*Collection de Mme J.-L. Brown.*)

WHISTLER

965. Croquis, trois feuilles. (*Collection Beurdeley.*)

RAFFAELLI

966. Un Paysan des environs de Paris. (*Collection Bouvenne.*)

REDON (Odilon)

967. Yeux clos.

FANTIN-LATOUR

968. Frontispice.
969. Götterdämmerung.
970. Baigneuses.
971. Musique et Poésie.
972. Tristan.
972 bis. La Walkyrie.
973. La Symphonie fantastique.
974. Roméo et Juliette.

CHÉRET (Jules)

975. Redoute chez Arsène Houssaye.
976. Diplôme de la Société des Lithographes.
977. Menus de la Chambre Syndicale des Imprimeurs Lithographes.
978. Les Danses et les Ris, éventail.
979. La Joie.
980. Le Bal.
981. La Folie.
982. Le Plaisir.
983. *España, Gitanella, Myrtille.*
984. *Valses des Brunes et des Blondes.*
985. *Le Mois théâtral.*
986. *Les Graveurs du XIXe siècle.*
987. *Les Affiches de Jules Chéret.*
988. Invitation au bal du *Courrier Français.*

989. Almanach du *Chat Noir*.
990. *Galipettes de Galipaux.*
991. *Mon petit premier.* — *Graine d'horizontales.*
992. *Courte et bonne.* — *La Gomme.*
993. *Tombola, Paris-Anvers.*

CASSATT (Miss Mary)

994. Au Théâtre. (*Collection Rouart.*)

DILLON (Patrice)

995. Au Cirque.

ROBIDA

996. Sur la Place de l'Opéra. (*Collection Beraldi.*)
997. *La Bretagne.* Vues diverses.

WILLETTE

998. L'Enfant Prodigue.
999. Illustrations du journal *Pierrot*.
1000. Frontispice du Catalogue de l'Exposition de la Lithographie, 1891. (*Collection Belfond.*)

TABLE ALPHABÉTIQUE

DES LITHOGRAPHES

A

	Nos.
Adam (Victor). . .	427
Alophe (Menut). .	464
Anastasi	794
Andrieux.	728
Asselineau	145
Atthalin.	140
Aubry.	123
Aubry-Lecomte . .	169

B

Bacler d'Albe . .	59
Bahuet.	943
Balan	419
Bargue.	859
Baron (Henri) . .	554
Barye	403
Baugniet.	857
Bayot.	556
Bazin (aîné). . . .	193
Bazin (Charles). .	734
Beaumont (Ed. de).	726
Bellangé (Hipp.). .	150
Bellel	825

	Nos.
Belliard	481
Bénard.	945
Bénassit	850
Benoist.	458
Berry (Duchesse de).	113
Bétencourt. . . .	725
Bida	548
Bodmer.	813
Boilly (Louis) . .	146
Boilly (Jules). . .	476
Bonheur (Rosa). .	805
Bonhommé.	730
Bonington	124
Bosio.	121
Bouchot	560
Boug (d'Orschwiller)	120
Boulanger (Louis).	304
Bouquet (Auguste)	423
Bour	454
Bourdet	557
Bourgeois (Const.)	40
Bracquemond. . .	827
Brascassat. . . .	801
Bresdin.	840
Brown (J.-L.). . .	959
Bry (Em.).	724

C

	Nos.
Calamatta	192
Cals	820
Carjat.	849
Cassard.	42
Cassatt (Miss) . .	994
Cattermole. . . .	459
Catruffo.	438
Challamel	455
Cham.	843
Chandellier . . .	561
Chaplin.	809
Chapuy.	456
Charlet	60
Chassériau. . . .	550
Chauvel.	914
Chéret.	975
Cicéri (Eugène). .	817
Cogniet (Léon). .	175
Colas	947
Colin (Alexandre).	181
Corpet	919
Coupin de la Couperie.	112
Courbet.	826
Courtin.	143
Crépy Le Prince.	54
Curzon (de). . . .	553

D

	Nos.
Damourette	847
Daumier	568
Dauzats	413
Decamps	263
Dedreux (Alfred)	539
Degas	956
Delacroix (Eug.)	222
Delaroche (Paul)	353
Demarne	11
Denon	9
Deroy	535
Desmaisons	544
Detaille	957
Devéria (Achille)	306
Devéria (Eug.)	347
Diaz	795
Didier (Jules)	824
Dillon	995
Doré	821
Ducis	484
Dufourmantelle	830
Dupré (Jules)	389
Durand (André)	450
Durandeau	851

E

Enfantin	144
Engelmann	4

F

Fanoli	735
Fantin-Latour	968
Felon	819
Feuchères	409
Fielding	220
Flandrin	837
Fleury (Robert)	696
Forest	401
Fragonard (Al.-Ev.)	178
Fragonard (Th.)	418
Fraipont	949
Français	778

G

	Nos.
Gavarni	596
Gengembre	804
Géricault	87
Gigoux	288
Gilbert	893
Gill	874
Giraud (Eugène)	532
Girodet-Trioson	7
Glaize	836
Godefroy	445
Goya	161
Grandville	216
Grenier	950
Grévedon	486
Grévin	877
Gros	8
Gudin (L.)	188
Gudin (Th.)	189
Guérin (Pierre)	6
Guillon	932

H

Harding	440
Hardivillier	219
Henriquel-Dupont	191
Hermant	953
Hersent	39
Herson	446
Hervier	842
Hue	831
Huet (Paul)	370

I

Ingres	165
Isabey (Jean-Baptiste)	43
Isabey (Eugène)	356

J

Jacob	485
Jacott	878
Jacottet	457
Jacque (Charles)	549

	No
Janet (Gustave)	727
Jeanron	410
Johannot (Alfred)	349
Johannot (Tony)	350
Jourdy	546
Joyant	534
Juhel	119
Julien	512

L

Laage (de)	929
Lacauchie	547
Laenlein	798
Lafosse	863
Lalaisse	835
Lamy (Eugène)	195
La Pinelais (de)	958
Lassalle	856
Lasteyrie	5
Laurens (Jules)	788
Leblanc (Th.)	412
Lecler	480
Lefranc	447
Léger	421
Legrip	920
Lemoine (Alfred)	860
Lemoine (Auguste)	861
Lemud (Aimé de)	524
Le Poittevin	400
Leroux (Eugène)	773
Letoula	922
Llanta	563
Loutrel	832
Lunois	933

M

Madou	433
Mailly	868
Manet	870
Marin-Lavigne	564
Marlet	122
Maurin	562
Mauzaisse	10
Mélingue	533
Millet (J.-F.)	812
Millot	954
Monnier (Henry)	206

	Nos.
MONTFORT	56
MOREL-FATIO	538
MORIN (Edmond)	855
MOUILLERON	760
MOZIN	537

N

	Nos.
NADAR	848
NANTEUIL (Célestin)	737
NOEL (Léon)	496

O

	Nos.
OUVRIÉ	420

P

	Nos.
PAJOU	160
PHILIPON (Charles)	194
PIGAL	148
PLATIER	558
PROVOST	449
PRUCHE	559
PRUD'HON	109

R

	Nos.
RAFFAELLI	966
RAFFET	649
RAMBERT	797
RAUNHEIM	736
REDON (Odilon)	967
RICHARD	955
ROBAUT	92
ROBERT (Léopold)	352
ROBERT-FLEURY	108
ROBIDA	996
ROBILLARD	221
ROPS	852
ROQUEPLAN	395
ROUARGUE	422
ROUBAUD (Benjamin)	520
RUGENDAS	190

S

	Nos.
SABATIER	869
SAINT-HILAIRE	52
SAINT-EVRE	180
SCHEFFER (Ary)	354
SENEFELDER	1
SERVIN	816
SIROUY	902

	Nos.
SOULANGE-TEISSIER	883
SUDRE	167
SORRIEU	523
SWEBACH	114
SWEBACH (Ed.)	115

T

	Nos.
TASSAERT	518
THOMAS	116
TRAVIÈS	522

V

	Nos.
VALLOU DE VILLENEUVE	437
VERNET (Carle)	12
VERNET (Horace)	21
VERNIER	865
VIELCASTEL (de)	177
VIGNERON	117

W

	Nos.
WHISTLER	965
WILLETTE	998

Paris. — Typ. Georges Chamerot, 19, rue des Saints-Pères. — 27137.

www.ingramcontent.com/pod-product-compliance
Lightning Source LLC
LaVergne TN
LVHW051507090426
835512LV00010B/2392